Riassunto di Economia Politica

sintesi e ripasso per superare l'esame universitario

di

Rocco Mela

RIASSUNTO DI ECONOMIA POLITICA: SINTESI E RIPASSO PER SUPERARE L'ESAME UNIVERSITARIO

First edition. January 17, 2022.

ISBN: 979-8232818050

Written by Rocco Mela.

Indice

Introduzione

L'economia politica è la scienza che studia i processi di produzione, distribuzione, scambio e consumo delle ricchezze all'interno di un sistema sociale e politico (infatti si parla di economia politica perché ci sono dei soggetti che governano e che fanno delle scelte).

In questo manuale si analizzeranno i meccanismi di mercato che esistono in un'economia di mercato. Il modello preso in considerazione è quindi quello di tipo capitalistico (diffuso in quasi tutto il mondo) della libera iniziativa produttiva e della proprietà privata dei mezzi di produzione (è la stessa identica cosa dire economia di mercato o economia capitalistica); non sarà preso in esame, invece, il modello di tipo "collettivista" (o socialista), caratterizzato dalla proprietà statale degli stessi mezzi. Si parla più correttamente di economie con centri di decisione decentralizzati, per riferirsi ai paesi capitalistici, e di economie con una scelta centralizzata, per identificare i paesi socialisti (ad esempio l'isola di Cuba e in parte la Cina).

L'economia politica di tipo capitalistico studia i meccanismi di mercato, i quali non consistono solamente nei vari tipi di mercato che possono esistere, ma anche gli attori che fanno parte di questi mercati; in proposito, è bene sottolineare che gli attori principali sono: le famiglie, le imprese, lo Stato e l'estero (inteso come tutto ciò che è al di fuori del territorio preso in considerazione. Ad esempio se il territorio considerato è la Sicilia per estero si intendono anche le altre regioni d'Italia).

Lo studio dei meccanismi di mercato si basa sulla distribuzione del reddito e sulla formazione dei prezzi (che è legata allo studio della domanda e dell'offerta).

Breve cenno storico

Questa scienza nasce nell'antica Grecia. L'espressione "Economia Politica" deriva da tre parole greche: oikos (casa), nomos (legge), e polis (città, Stato) e significa quindi legge della casa e dello Stato. Ad occuparsi di questa scienza furono Platone ed Aristotele. I due filosofi si interessarono del concetto di proprietà, se questo doveva essere inteso come cosa pubblica o meno. Per Platone i governanti di uno stato perfetto, ossia i filosofi, avrebbero dovuto vivere in condizioni di comunità dei beni per potersi dedicare interamente alla giustizia. I romani fecero grande uso della moneta. Dopo di loro bisogna attendere San Tommaso D'Aquino per un interesse più specifico su questa scienza.

Definizione di Mercato

Per mercato si intende il luogo dove si effettuano scambi di beni e di servizi.

Le caratteristiche del mercato sono cinque:

1- Lo scambio deve essere volontario (pagare le tasse, pagare il canone RAI non sono assolutamente degli scambi volontari); ossia nessuna delle due parti che interagiscono nello scambio (venditore ed acquirente) può danneggiare la propria posizione personale.

2- Nessuno può opporsi allo scambio, ma solo le parti che pongono in essere la transazione (lo scambio è un'attività che interessa solo le due parti, nessun terzo ha la facoltà di intromettersi).

3- Le parti conoscono tutti i termini della transazione; si parla di simmetria informativa. Ad esempio che compra un'auto sa tutto su di essa (naturalmente nella realtà il venditore tende sempre ad occultare le informazioni meno comode).

4- Le parti possono decidere o no la convenienza della transazione.

5- Ognuno dei contraenti è protetto dall'estorsione; nessuno per procurare a sé o ad altri un profitto, può costringere i due contraenti a fare od omettere qualcosa.

Se non sono presenti tutti e cinque i punti non ci troviamo in una situazione di mercato di tipo capitalistico.

1. Strutture di Mercato

Le principali strutture di mercato sono quattro:

1- Concorrenza perfetta

2- Monopolio

3- Oligopolio

4- Concorrenza imperfetta (o monopolistica)

Questa classificazione tiene conto dei seguenti criteri:

1- Criterio della interdipendenza: un'impresa opera in un mercato tenendo conto dell'operato delle altre imprese. Se nel mercato è presente una interdipendenza, di sicuro la sua struttura non sarà un monopolio.

2- Criterio della sostituibilità del prodotto: esistenza di dieci o più prodotti che sostituiscono un altro. Se questo criterio non è presente si può parlare di oligopolio e di concorrenza imperfetta

3- Criterio della condizione di entrata; si osserva facilità/difficoltà di un'impresa ad entrare/uscire da un mercato (si osservano cioè le barriere, che possono essere di vario genere: economico, giuridico, burocratico...). Quando le barriere sono nulle si ha la concorrenza perfetta.

Mercato di concorrenza perfetta

Si ha un mercato di concorrenza perfetta quando si denotano le seguenti caratteristiche:

1- Elevato numero di compratori e di venditori. E nessuno di questi è in grado di influire in maniera determinante sulle variabili di prezzo e di quantità.

2- Omogeneità della merce. La merce è dello stesso genere.

3- Piena libertà e facilità sia di ingresso che d'uscita in questo tipo di contrattazione.

La mancanza di ostacoli all'ingresso sul mercato di concorrenza perfetta dipende dal fatto le imprese preesistenti non hanno nessun interesse nell'ostacolare l'ingresso di nuove imprese, dato che non provocherebbe a loro nessun danno. Dato che i beni offerti da tutte le imprese sono omogenei, se una delle imprese decidesse di alzare il prezzo del bene, le sue vendite si ridurrebbero a zero. In pratica, in regime di concorrenza perfetta, le imprese non hanno potere di mercato.

4- Simmetria informativa; si deve avere una piena e completa informazione sui beni presi in considerazione.

Se manca anche una sola di queste caratteristiche non si può più parlare di concorrenza perfetta.

Il mercato di concorrenza perfetta è un idealtipo, non esiste nella realtà una forma pura di questa struttura (e i casi presenti sono molto rari).

L'esempio che più si avvicina a questo idealtipo è il mercato del grano di Chicago.

Monopolio

Il monopolio è una struttura di mercato dove esiste un unico venditore di una merce.

Questa struttura si caratterizza anche perché esiste anche la sostituibilità del prodotto.

Il potere di mercato del monopolista è notevolmente alto; egli non è obbligato a rispettare un prezzo fissato dagli altri, ma è libero di stabilirlo da sé.

Tuttavia egli è consapevole che, sulla base del prezzo da lui fissato, gli acquirenti decideranno, a loro volta, di acquistare una quantità maggiore o minore di prodotto.

Perchè ci sia monopolio occorre che le barriere all'ingresso di nuove imprese siano insuperabili. Quasi sempre i mercati monopolistici lo sono per motivi legali; è lo Stato che decide di monopolizzare un bene (quasi sempre beni primari).

Il monopolio si fonda su BARRIERE LEGALI quando i pubblici poteri attribuiscono a un'impresa l'esclusiva della produzione di un determinato bene o servizio. Altre volte operano invece delle BARRIERE TECNOLOGICHE

Quando invece nel mercato si ha un unico acquirente si parla di Monopsonio.

Oligopolio

Nei mercati con questa struttura si ha un numero ristretto di imprese produttrici di una determinata merce (di solito il numero delle aziende varia da due a dieci e sono di grandi dimensioni).

Se le imprese leader sono solamente due si parla di Duopolio (comunque è raro riscontrare nella realtà un duopolio).

Tra le imprese oligopolistiche vi è interdipendenza reciproca: l'una deve tener conto delle altre, deve osservare cosa fanno le altre imprese per non essere tagliate fuori dal mercato (ad esempio migliorano il prodotto o abbassano il prezzo di quest'ultimo).

Normalmente le industrie oligopolistiche sono quelle che producono beni strumentali quali l'acciaio, il cemento, ecc.

La frequenza di questo mercato nelle economie reali è molto frequente.

Concorrenza imperfetta o monopolistica

Nel mercato con questa struttura si ha un numero elevato di imprese presenti.

Vi è anche una segmentazione dell'offerta: le imprese vendono differenziazioni di prodotti abbastanza simili tra loro (ad esempio vari tipi di pasta, di detersivi...); fanno ciò per acquisire più spazio nel mercato.

Le imprese hanno quindi un certo potere di mercato in quanto possono fissare prezzi più alti senza rischiare di perdere tutta la clientela. Questo potere tuttavia non è molto elevato in quanto esiste concorrenza tra le imprese. Infatti se una alzerà troppo il prezzo una parte della clientela preferirà un altro prodotto che seppur diverso soddisfa lo stesso bisogno. Quindi la competizione si gioca sia sul prezzo che sulle caratteristiche del prodotto.

Nelle economie reali questo mercato è molto frequente.

2. Formazione dei prezzi

Definizione di Domanda di un bene

La Domanda è la quantità di un bene che si desidera acquistare ad un certo prezzo.

In termini economici la Domanda di un bene si scrive: D(P). Ossia la Domanda (variabile dipendente) è in funzione del prezzo (variabile indipendente).

Si può dire che in un mercato la domanda varia in ragione inversa al prezzo: aumenta con il diminuire del prezzo e diminuisce con il suo aumentare.

Definizione di Offerta di un bene

L'offerta è la quantità di un bene che le imprese sono disposte ad offrire ad un certo prezzo.

In termini economici l'Offerta di un bene si scrive: S(P) - si usa la Lettera S e non O perché in economia sono usati diversi termini inglesi: S di Offerta e D di Domanda sono le prime lettere delle rispettive parole inglesi . Ossia l'Offerta (variabile dipendente) è in funzione del prezzo (variabile indipendente).

Si può dire che in un mercato l'offerta varia in ragione diretta del prezzo: aumenta con l'aumentare del prezzo e diminuisce con il suo diminuire.

Le definizioni date di Domanda ed Offerta si riferiscono ad un mercato di concorrenza perfetta.

Nei mercati di concorrenza imperfetta ed oligopolistica la S non è così dipendente da P.

Formazione dei Prezzi

Tra la domanda e l'offerta vi è una transazione, ossia si ha un incontro tra queste parti. In questa transazione si ha la formazione del prezzo. Nello specifico il prezzo si forma quando si trova una situazione di equilibrio tra Domanda e Offerta (si determina in questa fase il prezzo di chiusura della transazione).

È importante, per la determinazione del prezzo, anche la quantità del bene/servizio che viene scambiato.

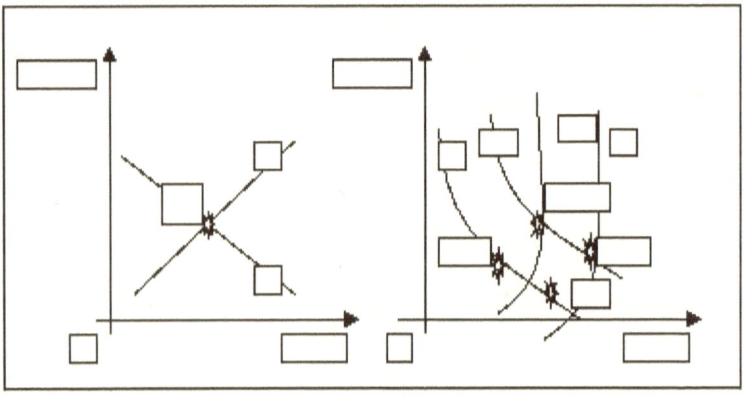

Per Pe si intende il prezzo di equilibrio della transazione. Il prezzo di equilibrio (o prezzo corrente) sarà quel prezzo in corrispondenza al quale la quantità domandata e la quantità offerta sono esattamente uguali.

Nelle linee tratteggiate vi è posizione di disequilibrio. Nel secondo grafico si nota come al variare della domanda e dell'offerta si hanno nuovi punti di equilibrio.

3. Il circuito economico

Il circuito economico è un modello che rappresenta, in modo semplificato, il funzionamento del sistema economico di mercato detto anche capitalistico. In questo modello i soggetti economici, detti anche operatori, si suddividono in due grandi categorie e svolgono le funzioni sotto elencate:

1- lavoratori/famiglie:

- danno servizi lavorativi alle imprese.

    - danno pagamenti (comprano beni/servizi dalle imprese).

2- imprese:

    - pagano stipendi/salari (acquisiscono i servizi lavorativi) - lo stipendio/salario è il compenso che si dà al lavoratore per l'opera prestata nella produzione; lo stipendio è mensile; il salario settimanale -

- producono beni/servizi.

Tutti gli scambi tra queste due grandi categorie di agenti economici sono regolati dalla moneta (l'economia di baratto è ormai inesistente).

Si hanno quindi due grandi circuiti:

    - il circuito reale.

    - il circuito monetario.

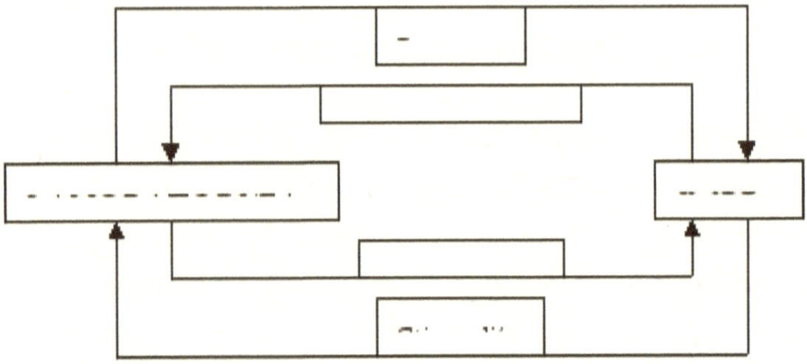

Linea continua: circuito reale

Linea tratteggiata: circuito monetario

4. Decisioni di consumo

Attraverso le decisioni di consumo si capisce il processo decisionale dell'individuo nello scegliere quali beni consumare ed in quale quantità; in altre parole si capisce la determinante della domanda individuale (l'agente consumatore).

Il consumatore decide in base a due vincoli:

- Vincoli Fisici: Anche se siamo estremamente golosi il nostro stomaco non è in grado di sopportare quantità illimitate di dolci; possiamo essere appassionati di cinema, ma difficilmente siamo in condizioni di potere assistere alla visione ininterrotta di centinaia di film. Nel primo caso il vincolo, in qualche modo, è di tipo fisico; nel secondo, la risorsa scarsa è il tempo.

- Vincoli Economici (chiamati anche vincoli di bilancio): sono il Reddito ed il Prezzo. Il vincolo è rappresentato dalle risorse monetarie di cui possiamo disporre e dal prezzo del bene/servizio.

L'economia politica, per ovvie ragioni, studia il secondo tipo di vincolo.

Prendiamo in considerazione il semplice caso in cui il consumatore, che dispone di un certo reddito Y, si trova a scegliere fra due diversi beni, A e B, i cui prezzi sono rispettivamente p_A e p_B . Dato il suo reddito e dati i prezzi dei due beni, egli non potrà permettersi quantità infinitamente grandi dei due beni ma sarà costretto a scegliere quantità q_A e q_B compatibili con il suo reddito. Possiamo esprimere il vincolo di bilancio del consumatore attraverso una semplice equazione:

[1] $Y = p_A q_A + p_B q_B$

Per cercare di risolvere questa equazione e arrivare ad una rappresentazione grafica del vincolo di bilancio, aiutiamoci con un semplice esempio numerico. Assumiamo che il reddito a disposizione del consumatore sia pari a 200 e che i prezzi dei due beni siano rispettivamente $p_A = 10$ e $p_B = 5$; assumiamo inoltre che il consumatore spenda interamente il suo reddito nell'acquisto dei due beni. Immaginiamo che l'individuo destini l'intero suo reddito (Y = 200) all'acquisto del solo bene A rinunciando del tutto al bene B. in questo caso, poiché il prezzo del bene A è pari a 10, l'individuo potrà comprare, al massimo, 20 unità del bene A (200/10). Così facendo abbiamo individuato un primo punto C sull'asse delle ordinate del grafico a cui corrisponde la combinazione di beni: $q_A = 20; q_B = 0$. Ora ripetiamo l'esercizio risolvendo il problema opposto: l'individuo spende tutto il suo reddito per l'acquisto del bene B, che ha un prezzo pari a 5; in questo caso, $q_B = 40$ (infatti 200/5 = 40) e $q_A = 0$. Riportiamo questo secondo punto D sull'asse delle ascisse del grafico: poiché i due punti sono sufficienti per definire una retta, congiungendo questi due punti otteniamo il vincolo di bilancio.

La retta di bilancio indicata con CD divide in due parti lo spazio del consumo (su questa retta ci sono tutte le combinazioni di acquisto - consumo - possibili tra il bene A e il bene B). Lungo il vincolo di bilancio e al di sotto di esso vi sono tutti i panieri accessibili per il consumatore: il paniere X ad esempio composto da 10 unità del primo bene e 20 del secondo è compatibile con il reddito del consumatore (infatti 10x 10 + 5 x 20 = 200). Anche il paniere Z è accessibile (10 x 5 + 5 x 20 = 150) ma in questo caso non si consuma tutto il reddito del consumatore. Al contrario il paniere Y che contiene 15 unità di A e 20 di B non è accessibile, dato il vincolo di bilancio del consumatore (infatti: 10 x 15 + 5 x 20 = 250): in tale situazione si consuma di più del reddito del consumatore.

I punti C e D sono le due situazioni estreme, dove si spende tutto il reddito sul bene A o sul bene B.

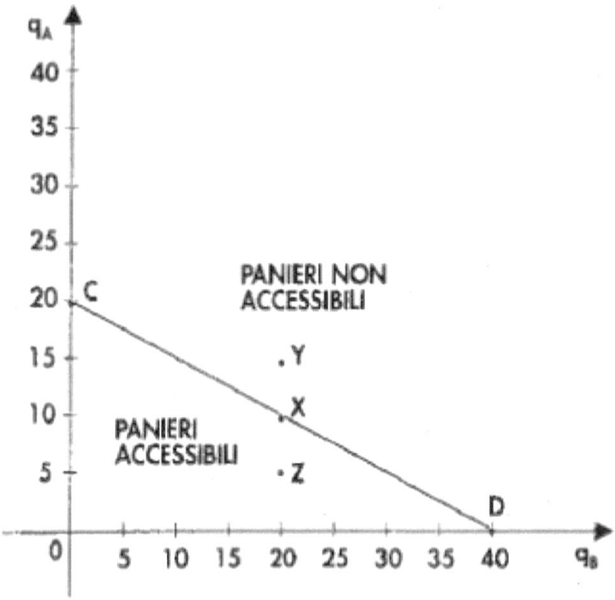

Per comprendere meglio l'importanza e l'utilità della matematica nella soluzione dei problemi economici cerchiamo ora di ripetere in modo più formale il ragionamento intuitivo che è stato prima seguito per la definizione del vincolo di bilancio. Partendo dall'equazione [1], possiamo risolvere questa equazione con alcuni semplici passaggi. Ad esempio, risolvendo rispetto ad A:

$$[2]\, p_A q_A = Y - p_B q_B$$

$$[3]\, q_A = \frac{Y}{p_A} - \frac{p_B}{p_A} \times q_B$$

In modo analogo possiamo risolvere l'equazione [1] rispetto al bene B.

Decisioni del consumatore

Anche se si può scegliere solamente tra due prodotti, difficilmente si avranno due consumatori che consumeranno il loro reddito convergendo su un medesimo punto della retta di bilancio.

Ciò accade perché il consumatore valuta la propria spesa in consumi in termini di "preferenze personali" e di "utilità propria" (propria perché ogni bene procura per ogni individuo un'utilità differente).

Intesa in senso economico, l'utilità è l'attitudine delle cose a soddisfare un bisogno. Come già detto sopra, l'utilità è esclusivamente soggettiva. L'utilità non è un concetto assoluto, difatti essa è relativa ai tempi e agli individui; non è una qualità intrinseca dei beni, ma un rapporto tra il bisogno e la quantità del bene che si ha a nostra disposizione.

Bisogna conoscere i "gusti" (le preferenze) di ogni consumatore perché ognuno dei consumatori tende a massimizzare le proprie preferenze (utilità).

Posto questo discorso, il modello base delle scelte del consumatore per la combinazione che massimizza le proprie preferenze ha quattro elementi:

1- Il consumatore prende i prezzi come fissati (se li ritrova);

2- Il consumatore ha un dato reddito;

3- Il consumatore ha gusti che gli permettono di valutare e classificare le combinazioni alternative di panieri di beni: ha una propria personalità, un proprio carattere.

4- Il consumatore sceglie il paniere di beni che massimizzano la sua soddisfazione (utilità).

I primi due punti sono di natura economico ambientale, il terzo ed il quarto di natura personale.

5. Elasticità della domanda rispetto al prezzo

Attraverso la considerazione dell'elasticità della domanda è possibile trarre, oltre a molte considerazioni di teoria economica, anche notevoli spunti per comprendere il comportamento dei venditori nelle loro politiche di offerta.

L'elasticità della domanda rispetto al prezzo dà delle informazioni di tipo quantitativo (è un indicatore numerico, imparziale, oggettivo), nel caso vi sia uno spostamento simultaneo della curva di domanda e di offerta, relativamente al nuovo prezzo di equilibrio.

Esistono due tipi di elasticità: l'elasticità semplice e l'elasticità incrociata.

Elasticità semplice

L'elasticità semplice misura la reattività della quantità domandata ad una variazione percentuale del prezzo, cioè indica di quanto varia la quantità domandata di un bene se il suo prezzo aumenta o diminuisce di una certa percentuale.

L'elasticità della domanda ed è il rapporto tra la variazione relativa della quantità domandata di un bene e la variazione relativa del prezzo.

$$E_P = \frac{\Delta Q}{Q} \Big/ \frac{\Delta P}{P} = \frac{P}{Q} * \frac{\Delta Q}{\Delta P}$$

È bene precisare che Ed:

1- È un numero puro; se si muta l'unità di misura della quantità non vi è alcuna difficoltà di calcolo. Notiamo che l'elasticità è definita in termini di variazioni percentuali e non di variazioni assolute: in questo modo il calcolo dell'elasticità non è influenzato dall'unità di misura con cui sono espresse le due grandezze considerate (prezzi e quantità). Per questa ragione si dice che l'elasticità è un numero puro (cioè privo di dimensione logica).

2- È un indice di reattività (come reagisce la domanda di un bene alla variazione di prezzo.

Elasticità incrociata

L'elasticità incrociata della domanda permette di misurare quanto varia la quantità domandata del bene A al variare del prezzo del bene B:

$$\varepsilon_{AB} = \frac{(\%\Delta q_A)}{(\%\Delta p_B)} = \frac{\Delta q_A / q_A}{\Delta p_B / \Delta p_B} = \frac{p_B}{q_A} \times \frac{\Delta q_A}{\Delta p_B}$$

Se i beni considerati sono i e j, la formula può essere scritta:

$e_{ij}=(\Delta q_i/q_i)/(\Delta p_j/p_j)$

Sia nel caso di elasticità semplice che nel caso di elasticità incrociata la correlazione può variare da 0 a 1. Più precisamente $0 \leq e \leq 1$.

Determinanti dell'elasticità

Sono i fattori da cui dipende il valore del coefficiente di elasticità della domanda:

1- Grado di sostituibilità tra beni (effetto sostituzione).

La domanda di un bene sarà tanto più elastica quanto più numerosi ed ad essa vicini sono i sostituti disponibili.

2- Beni di primaria necessità e beni di lusso (effetto reddito).

La domanda di beni di lusso è più elastica di un bene di prima necessità (struttura dei bisogni del consumatore).

3- Livelli di prezzo del bene.

In generale più elevato è il livello del prezzo del bene più tende ad essere elevato il coefficiente di elasticità.

6. Impresa: costi e produzione

Definizione d'Impresa

Per impresa si intende l'ente economico dedito alla produzione o alla distribuzione di beni o servizi.

Decisioni produttive dell'impresa

L'imprenditore ha:

- costi di produzione.
- come obiettivo principale la massimizzazione dei profitti.

Definizione di Profitti

Ricavi – Costi, ossia l'eccedenza dei ricavi sui costi. Nel caso in cui si abbia un'eccedenza dei costi sui ricavi si ha una perdita.

Definizione di Ricavi

In un'impresa sono l'ammontare (in termini di valore) che si ottengono dalla vendita di beni/servizi in un dato periodo di tempo.

Definizione di Costi

Sono le spese sostenute nella produzione di beni/servizi in un dato periodo di tempo.

Definizione di Costi d'impresa

Sono il costo delle risorse utilizzate nella produzione di determinati beni/servizi; le risorse sono il fattore capitale (K) e il fattore lavoro (L).

Nel fattore capitale si possono includere anche le tecnologie ed i macchinari.

Il lavoro è l'esercizio delle facoltà umane rivolte direttamente alla produzione.

I costi d'impresa possono essere intesi anche come costi opportunità (in quanto il capitale - umano e/o finanziario - utilizzato dall'imprenditore potrebbe essere usato per altre produzioni), ossia come il modo in cui l'imprenditore utilizza K e L.

Definizione di Scorte

Merce tenuta in magazzino per una vendita futura.

7. Macroeconomia

L'economia politica si divide in due grandi filoni, secondo l'ottica con cui viene analizzata l'ottima ed efficiente allocazione delle risorse:

- Microeconomia

- Macroeconomia

La microeconomia studia le scelte dei singoli operatori economici nei singoli mercati (p.es. nel mercato del pesce, nel mercato televisivo, dell'acciaio, ecc.), arrivando ad individuare delle modalità secondo le quali il mercato reagisce e si muove.

La macroeconomia fa la stessa cosa, ma a livello di aggregati economici, cioè considerando un unico mercato, quello del sistema economico, come la sommatoria di tutti i mercati che ne fanno parte. Pertanto le grandezze economiche prese in considerazione sono le quantità aggregate del sistema, come la produzione complessiva di un paese, il livello generale dei prezzi, il tasso di inflazione, di disoccupazione, ecc...

In altre parole la macroeconomia studia il funzionamento del sistema economico nel suo insieme.

Le macro categorie di cui si interessa la macroeconomia sono:

- I lavoratori, che decidono il livello della composizione di Consumi e Risparmi.

- Le imprese, che decidono il livello della composizione della Produzione e degli Investimenti.

- La pubblica amministrazione, che decide il livello dei servizi da offrire alla collettività.

Il perseguimento dei suddetti obiettivi obbliga gli agenti economici (lavoratori ed imprese) ad entrare in rapporti di scambio tra loro.

Le problematiche di cui si occupa la macroeconomia

I tre problemi principali della macroeconomia sono:

1- La disoccupazione; vi è disoccupazione quando persone disponibili a lavorare non riescono a trovare lavoro.

2- La crescita: consiste nell'aumento della crescita di beni/servizi prodotti dal sistema economico; ciò comporta l'aumento dell'occupazione e la variazione dei prezzi.

3- L' inflazione. Questa misura, per il tramite dei prezzi, il tasso di incremento dei beni al consumo; l'inflazione si calcola attraverso la seguente formula:

Il Tasso di Inflazione è l'aumento annuo percentuale di un livello generale di prezzi, misurato comunemente dall'indice dei prezzi al consumo ⇨

$$\frac{IPC_{x+1} - IPC_x}{IPC_x} * 100$$

IPC sta per Indice dei Prezzi al Consumo; è cioè un indice del costo del paniere di beni che il consumatore medio acquista.

X sta per anno base.

8. La domanda aggregata

La domanda o spesa aggregata è la spesa totale effettuata in un sistema economico. È questa domanda aggregata che determina "ex ante" il livello della produzione (P) o reddito (Y) di un Paese (per reddito di un Paese si intende il PIL).

In economia quando una lettera è scritta grande si intende con essa il livello generale nel suo insieme della categoria che rappresenta.

La domanda aggregata si compone di 4 componenti:

1) I consumatori, che spendono in beni e servizi (di solito erogati dalla pubblica amministrazione) di consumo (chiameremo C questa componente). I servizi possono essere destinati alle vendite, e in questo caso è definito un prezzo di mercato, oppure non possono essere destinati alle vendite, e quindi non è definito un prezzo di mercato (questi servizi sono la giustizia, la previdenza sociale, l'istruzione...). I consumatori (famiglie/lavoratori) decidono il livello dei consumi principalmente in base al reddito. Riguardo ai consumi bisogna fare la distinzione tra consumi privati (interessano le famiglie e le istituzioni sociali) e i consumi pubblici (interessano la pubblica amministrazione).

2) Le imprese, che domandano beni di investimento (gli investimenti domandati dalle imprese sono definiti con la I). È da sottolineare che le imprese decidono il livello degli investimenti per produrre in base alle:

- Previsioni di vendita;

- Costo dei macchinari e delle materie prime;

- Costi delle scorte.

La spesa per investimenti misura la domanda di investimenti che le imprese desiderano acquistare al fine di aumentare le capacità del loro capitale fisico (impianti e macchinari) e le loro scorte.

3) Lo Stato ed in genere la pubblica amministrazione, che attraverso la spesa pubblica crea domanda di beni nel sistema economico (la parte di spesa nel mercato proveniente dall'apparato pubblico la identifichiamo con G - che sta per Government). G influisce sui consumi e sugli investimenti per il tramite di imposte e trasferimenti; con le prime si intendono qualunque elemento che comporti una entrata per il bilancio pubblico e con i secondi qualunque uscita per il pubblico bilancio.

4) Le esportazioni nette, cioè la differenza algebrica fra esportazioni ed importazioni, che creano domanda, proveniente dall'estero, se la differenza è positiva, o la diminuiscono, se negativa (questa componente di spesa, esterna al sistema economico, la chiamiamo NX)

Ignoreremo nella nostra trattazione, per semplicità, quest'ultima componente della domanda aggregata.

In formula, quanto detto finora sarà:

Domanda aggregata = C + I + G + NX

Siccome la spesa totale in beni e servizi non è altro che il livello di produzione di una nazione avremo anche:

$Y = C + I + G + NX$

Oppure, per semplicità, come abbiamo detto:

$Y = C + I + G$

Quindi la domanda aggregata equivale all'ammontare che le imprese e le famiglie intendono "ex ante" spendere in beni e servizi a ciascun livello di reddito.

La funzione di consumo C

La funzione di consumo esprime il livello del consumo corrispondente a ciascun livello di reddito disponibile. Graficamente la funzione di consumo, corrispondente alla componente C vista precedentemente, può essere rappresentata in questo modo:

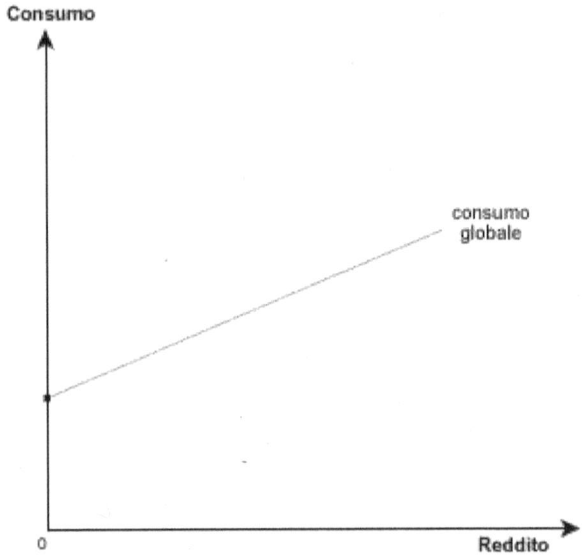

Dal grafico si evince che la funzione di consumo è una curva che rappresenta la relazione tra il consumo totale e il livello di reddito.

Il grafico si spiega con pochi punti:

- La domanda di consumo dei cittadini è direttamente proporzionale al reddito (cioè cresce al crescere del reddito), perché all'aumentare della ricchezza nazionale è verosimile ipotizzare che cresce anche il tenore di vita e quindi, di conseguenza, crescono le necessità dei membri della collettività.

- L'inclinazione della funzione di consumo, cioè il tasso di crescita del consumo rispetto alla crescita del reddito, è rappresentata dalla propensione marginale al consumo (PMC). La PMC è un valore compreso tra 0 e 1, che ci dice quanta parte di 1 lira (o di 1 euro) di reddito disponibile è destinata al consumo. Per es. una PMC di 0.30 significa che per ogni 100 lire di reddito, 30 lire sono consumate in spese per beni di consumo e 70 lire sono risparmiate.

Per cui PMC = variazione del consumo / variazione del reddito

E, di conseguenza incremento del consumo = incremento del reddito X PMC (o, ragionando in formule, $C=\alpha Y$).

α sta per la propensione al consumo, che ad essere precisi oltre che essere marginale (ossia di quanto aumenta per singola unità di reddito) può essere anche media (ossia di quanto aumenta in totale il consumo). Y sta per il reddito dei consumatori.

Reddito di equilibrio

Dopo aver visto come è formata la domanda aggregata (da C + I + G), andiamo a studiare l'equilibrio del reddito. Per adesso, semplifichiamo l'analisi non considerando la spesa pubblica G.

La domanda aggregata determina il reddito/produzione.

La condizione di equilibrio sul mercato dei beni è, quindi, semplicemente espressa dall'espressione:

Produzione (P) = Domanda aggregata (DA). Tuttavia l'equilibrio tra domanda aggregata e produzione non garantisce che la produzione sia al suo livello potenziale; infatti considerando il grafico seguente,

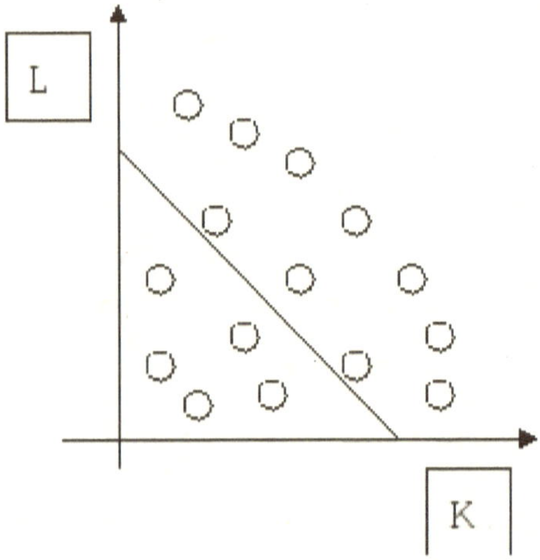

dove L sta per fattore lavoro e K per fattore capitale, e l'arco rappresenta la "Frontiera delle possibilità produttive", quasi mai P si trova su quest'ultimo, perché L e K non sono quasi mai sfruttati al massimo. Infatti, P si trova quasi sempre dentro la curva; i punti che sono dentro non sono di massimo, ma sono raggiungibili: in questo caso si ha una disoccupazione o di K o di L o di tutti e due, anche se la disoccupazione dipende più da L (naturalmente un eventuale aumento dell'occupazione sposta a destra la curva).

È da ricordare inoltre che i punti che sono sopra la curva non sono raggiungibili.

La spesa pubblica G ed il moltiplicatore del reddito

Ricordando che la domanda aggregata è la somma C + I + G, l'introduzione delle spese operate dalla pubblica amministrazione (per la difesa, per l'istruzione, per la salute, per le infrastrutture, ecc.), comporta una elevazione della domanda aggregata e quindi della produzione di equilibrio.

Perciò, l'aumento di spesa pubblica è utile quando il governo intende far uscire il sistema economico da recessioni e, comunque, da situazioni di sottoccupazione o disoccupazione dei fattori produttivi (più in particolare, dei lavoratori).

Quello che però è interessante notare è che l'aumento di produzione che consegue ad un incremento di spesa pubblica, è maggiore dell'aumento iniziale di G. Questo perché l'aumento del reddito, conseguenza dell'incremento di G, porta all'aumento anche dei consumi C, i quali hanno una relazione direttamente proporzionale con il reddito (la funzione C è crescente al reddito). Ne consegue che l'effetto dell'aumento di G è maggiore della quantità di G aumentata, perché c'è anche l'effetto reddito sui consumi e dunque la domanda aggregata cresce sia per l'aumento di G, che per l'aumento di C.

Questo processo di espansione del reddito molto al di là dell'incremento della spesa pubblica G, è noto come moltiplicatore del reddito.

Quindi, l'intervento del governo è maggiormente efficace per combattere situazioni di recessione, soprattutto riguardanti la forza lavoro disoccupata.

E' appena il caso di notare che la politica di spesa pubbl. G può essere utilizzata anche in direzione opposta, per raffreddare l'economia (in genere per la troppa euforia sui prezzi di mercato) e diminuire il reddito d'equilibrio.

9. La moneta

Proprietà della moneta

1- Intermediario degli scambi (transazioni) - o mezzo di scambio; in altre parole è un mezzo di pagamento con caratteristiche di:

- Riconoscibilità;
- Trasportabilità;
- Divisibilità.

2- Riserva di valore, perché permette di conservare e trasferire nel tempo la ricchezza (si intende un complesso di beni economici); dà un potere d'acquisto.

Per potere d'acquisto (o valore di scambio) si intende la quantità di beni che possiamo procurarci con la moneta.

3- Unità di conto (o numerario); è la merce nei cui termini sono espressi tutti i prezzi (è la misura dei valori dei diversi beni/servizi).

Definizioni di offerta di moneta

Passiamo ora alla definizione (anzi, alle definizioni) di moneta.

Un primo importante concetto è quello di base monetaria. Esso è essenziale per comprendere l'intervento della Banca Centrale nel sistema economico.

La base monetaria (BM) è uguale alla somma della moneta in circolazione più la moneta utilizzata dalle banche come riserva, per far fronte ai prelevamenti dei depositanti.

BM = circolante + riserve bancarie.

Ora passiamo alle definizioni (statistiche) dell'offerta di moneta in Italia.

L'offerta di moneta, cioè lo stock di moneta in Italia (ossia la massa monetaria), è misurabile con 3 grandezze:

1) M1 = è la somma del circolante + C/C.

Oltre alla moneta in circolazione, l'offerta di moneta M1 comprende tutti i C/C bancari e postali (questi ultimi due sono i depositi a vista, e non danno nessun interesse).

2) M2 = M1 + DR

M2 identifica lo stock di moneta, aggiungendo alla componente M1 i depositi a risparmio -DR- (ma anche i certificati di deposito -CD- bancari e postali, i libretti postali e i depositi presso le filiali estere di banche italiane).

3) M3 (liquidità) = M2 + le attività con elevato grado di liquidità (p. es. BOT, BPT, Buoni Postali Fruttiferi...).

La liquidità (M3) è definita (nel rispetto di un'armonizzazione comunitaria) aggiungendo a M2 i titoli pubblici a breve termine, come i BOT, che quindi sono considerati anch'essi un mezzo di pagamento.

È da notare che qualsiasi aggregato si utilizzi per definire lo stock di moneta esistente, esso non può prescindere dall'esistenza del sistema bancario, per la presenza di C/C e DR.

10. La banca centrale

La Banca Centrale influenza l'economia di un paese, attraverso l'attuazione della Politica Monetaria, la quale può essere espansiva (e quindi: + PIL, + occupazione, + consumi, ma anche + inflazione) o restrittiva (e quindi: - PIL, - occupazione, - consumi, ma anche – inflazione).

In particolare vedremo che il sistema bancario amplifica la portata della Politica Monetaria attuata, perché moltiplica la quantità di moneta emessa o eliminata dalla Banca Centrale.

Quindi il ruolo fondamentale della Banca Centrale in economia è il "controllo dell'offerta di moneta" (aumentandola o restringendola e quindi variando la quantità di moneta in circolazione) per il tramite di tre strumenti:

1- Le Riserve Obbligatorie

È un rapporto (percentuale) che misura i depositi delle banche commerciali verso la banca centrale per ogni quantità di moneta consegnata dai cittadini alle prime (ma le banche commerciali non danno questa riserva alla banca centrale; infatti è una riserva obbligatoria, viene accantonata).

2- Il Tasso di Sconto

È il tasso con il quale la banca centrale concede prestiti alle banche commerciali.

3- Le Operazioni di Mercato Aperto

Sono la vendita o l'acquisto dei titoli di stato sul mercato finanziario.

Le operazioni di mercato aperto sono il vero mezzo con il quale la Banca Centrale svolge il suo compito di soggetto decisionale di Politica Monetaria.

Con le operazioni di mercato aperto, la Banca Centrale acquista o vende titoli di Stato nel mercato aperto (cioè in Borsa), in modo da aumentare (quando acquista) lo stock di moneta o diminuire (quando vende) l'offerta di moneta.

Ciò è evidente se si pensa che, acquistando titoli, la Banca Centrale immette moneta in circolazione (la moneta corrispondente al prezzo dei titoli acquistati), mentre, vendendo titoli, rastrella la moneta in circolazione (che è sostituita dai titoli comprati dagli operatori di Borsa).

Questa iniziale variazione della Base Monetaria è già essa stessa una variazione di M2, ma non finisce qui, perché, alla fine del processo, M2 varia molto di più della variazione iniziale di Base Monetaria (conseguenza, quest'ultima, dell'operazione in Borsa della Banca Centrale).

Infatti, ipotizzando un aumento della Base Monetaria, la nuova moneta in circolazione è in parte depositata in banca, dagli operatori che l'hanno incassata, sotto forma di C/C o DR. Le banche che ricevono questi depositi, non terranno immobilizzati tutti i soldi versati, ma li utilizzeranno per concedere prestiti e finanziamenti. A loro volta, i beneficiari dei finanziamenti, faranno dei pagamenti con i fondi ottenuti in prestito e questi fondi saranno depositati, in parte, presso le banche di cui i prenditori delle somme sono clienti. Queste ultime banche utilizzeranno, di nuovo, le somme versate sui depositi dai loro clienti, per fare altri prestiti e così via.

Questo processo appena descritto prende il nome di moltiplicatore monetario, perché, attraverso le banche, la quantità di moneta di un paese aumenta molto di più dell'iniziale aumento di Base Monetaria, operato dalla Banca Centrale.

Lo stesso avviene in caso di diminuzione di Base Monetaria (vendita di titoli in Borsa): lo stock di M2 diminuisce molto di più dell'originaria diminuzione di Base Monetaria.

Il moltiplicatore monetario è influenzato da due valori:

- Riserve bancarie, cioè la moneta che la banca tiene per far fronte ai prelevamenti dei depositanti e che quindi non è data in prestito. Esse si distinguono in due componenti:

a) la già citata riserva obbligatoria – che le banche devono detenere per legge, in percentuale dei depositi.

b) la riserva libera o facoltativa – che è l'ulteriore riserva che le banche preferiscono detenere per evitare spiacevoli sorprese, quali le richieste di rimborso dei depositi per importi ingenti.

- Moneta che il pubblico detiene liquida e che non versa in banca.

11. Economia Internazionale

Studioso della teoria del commercio internazionale è stato l'inglese David Ricardo, economista classico (fine '700).

Il commercio internazionale e i vantaggi comparati

Perché si realizzino gli scambi, occorre che ciascuno degli operatori che vi partecipano ne tragga una convenienza.

Esempio: consideriamo che due paesi come il Portogallo e l'Inghilterra producano tessuti e vino. In regime di autarchia, in Inghilterra un litro di vino costa 9 sterline e un metro di tessuto 3 sterline, mentre in Portogallo costano rispettivamente 600 e 400 escudi. Se i due Paesi si aprissero al commercio internazionale, gli Inglesi avranno convenienza ad importare il vino dal Portogallo, purché lo paghino meno di 9 sterline al litro, mentre i produttori portoghesi avranno un vantaggio ad esportare vino solo se ne ricaveranno un prezzo superiore a 600 scudi (6 sterline). Quindi i portoghesi troveranno conveniente acquistare i tessuti inglesi se costeranno meno di 400 escudi al metro e le imprese inglesi pretenderanno almeno 3 sterline al metro (300 escudi).

I Governi dovranno poi tener conto della bilancia dei pagamenti: un Paese deve far bilanciare nel lungo periodo il valore delle esportazioni con quello delle importazioni. Devono essere considerati però non i prezzi assoluti, ma quelli relativi.

In Inghilterra il prezzo relativo del vino rispetto alla stoffa è 9 : 3 = 3 (1 litro di vino si scambia con 3 metri di stoffa), mentre in Portogallo il prezzo relativo del vino in termini di stoffa è 6 : 4 = 1,5. Quindi il vino è relativamente meno caro in Portogallo che in Inghilterra e la stoffa è relativamente meno cara in Inghilterra rispetto al Portogallo.

L'Inghilterra ha un vantaggio comparato nella produzione della stoffa, mentre il Portogallo ha un vantaggio comparato nella produzione del vino.

Il commercio internazionale può essere conveniente per entrambi, dato che l'Inghilterra ha un vantaggio ad esportare stoffa se per ottenere un litro di vino deve esportare meno di 3 metri di stoffa.

Ognuna delle economie si specializzerà quindi nel settore in cui ha un vantaggio comparato.

Vantaggio Comparato

Un Paese (A) ha un vantaggio comparato rispetto al Paese (B) nella produzione del Bene "1" rispetto alla produzione del Bene "2" se il costo/opportunità del bene "1", -misurato in unità del bene "2"-, per il Paese (A) è più basso rispetto al Paese (B).

Le cause che determinano i vantaggi comparati

La differente dotazione di risorse naturali Una prima causa di vantaggi comparati è la diversa dotazione di risorse naturali, per cui ogni Paese si specializza in certe produzioni.

La differente remunerazione dei fattori produttivi Se in un Paese il salario unitario è basso, esso avrà costi unitari di produzione relativamente inferiori e potrà vendere i propri prodotti sul mercato internazionale a prezzi più competitivi.

Quindi ogni Paese si specializzerà nelle produzioni che richiedono un utilizzo più intensivo del fattore produttivo a più basso costo.

Economie di scala di settore o di distretto Può accadere che un Paese sviluppi per primo un proprio settore produttivo fino ad una dimensione tale da produrre esternalità positive per le imprese (maggiore mobilità nel mercato del lavoro, maggior investimento, approvvigionamenti facilitati).

Tutte queste circostanze si traducono in economie di scala di settore.

L'innovazione e la struttura dei costi Si crea un vantaggio comparato quando un settore produttivo riesce ad abbassare il livello dei costi, creando le condizioni per vendere a prezzi più competitivi rispetto alle aziende degli altri Paesi. L'abbassamento dei costi si verifica per effetto dell'innovazione tecnologica.

Posso domandarti un favore?

Se questo libro ti è piaciuto e lo hai trovato utile, sarei molto contento se tu potessi postare un commento o una breve recensione.

Leggo personalmente tutte le recensioni, in modo da poter scrivere quello che veramente i lettori vogliono e che stanno cercando.

Grazie per il tuo supporto!

Note Legali

***

www.ingramcontent.com/pod-product-compliance
Lightning Source LLC
LaVergne TN
LVHW060307051026
849517LV00003B/1018
9798232818050